2 novembre 1852.   4

CATALOGUE

D'UNE COLLECTION
DE

BONS TABLEAUX

DES ÉCOLES
ITALIENNE, FLAMANDE ET FRANÇAISE,

DESSINS ET GRAVURES,

Provenant du Cabinet de M. le Baron L. de C***,

Une réunion de beaux Objets de haute Curiosité en Porcelaine d'ancien Sèvres, vieux Saxe, Chine, ancien Japon, Céladon fleuri, craquelé et autres, Bustes marbre blanc sculpté, Groupes en terre cuite de Clodion, Ivoire et Bois sculpté, Miniatures diverses, Cristaux de roche et jolies Curiosités de montres, Meubles et Glaces anciennes, Bronzes et Dorures, Bronzes Italiens, belles Pendules de Boule, en marqueterie et bronzes dorés, vieux Cadres en bois sculpté,

DONT LA VENTE AURA LIEU

Hôtel des Ventes Mobilières,

RUE DES JEUNEURS, N° 42,
Salle n° 2,

Les Lundi 22, Mardi 23 et Mercredi 24 Novembre 1852,
HEURE DE MIDI.

Par le ministère de M° **BONNEFONS DE LAVIALLE**,
Commissaire-Priseur, rue de Choiseul, 11,

Assisté de M. **THÉRET**, Artiste Peintre-Expert,
impasse Sandrié, n° 4,

Chez lesquels se distribue le présent Catalogue.

EXPOSITION PUBLIQUE

Le Dimanche 21 Novembre 1852, de midi à cinq heures.

PARIS

MAULDE & RENOU,

IMPRIMEURS DE LA COMPAGNIE DES COMMISSAIRES-PRISEURS,
Rue de Rivoli prolongée, au coin de celle de l'Arbre-Sec.

1852
6025

ORDRE DES VACATIONS.

Le lundi **22** — Gravures, bordures, dessins et tableaux.

Le mardi **23**. — Tableaux et miniatures.

Le mercredi **24**. — Porcelaines de vieux Sèvres, vieux Saxe, Japon, Chine, bronzes et dorures, marbres sculptés, beau régulateur, bureau, meubles, etc.

Nota. L'expert divisera à sa volonté les objets notés sous le même numéro.

CONDITONS DE LA VENTE.

Elle sera faite au comptant.

Les acquéreurs paieront cinq centimes par franc, en sus des adjudications.

A MESSIEURS LES AMATEURS

ET MESSIEURS LES MARCHANDS.

La collection que nous avons l'honneur de vous offrir, joint à l'attrait de la nouveauté toute espèce de chance de succès ; les tableaux pour la plupart ayant resté dans le cabinet de M. le baron L. de C.., depuis presque 30 ans ; ils proviennent en grande partie des cabinets Saint-Victor, feu l'abbé Eudes, Mariette et autres. Le Catalogue ayant été rédigé par feu M. Roux du Cantal, nous avons pensé qu'il était de notre devoir de le suivre non par crainte puérile, mais bien par déférence et hommage rendu à sa mémoire, ensuite comme partageant ses idées à l'égard de la collection.

J. THÉRÊT.

DÉSIGNATION

DES TABLEAUX.

<hr>

Tableaux des Ecoles Italienne, Flamande et Française, bons Dessins d'anciens maîtres, Miniatures, Gouaches et Gravures.

1 — L'ALBANE. Sainte-Famille. La Vierge dans un paysage, tenant dans ses bras l'Enfant-Jésus qui lui présente une jacinthe, tandis que saint Antoine le contemple ; plus loin, à travers les arbres, on distingue saint Joseph occupé de lecture. Tableau charmant, plein de grâce et de simplicité.

2 — DU MÊME. Une Sainte-Famille, composée de trois figures.

3 — FAUSKI. Un hiver orné de fabrique, figures et animaux.

4 — GEMINANI. Alexandre trouve le corps de Darius près de sa tente. Riche et belle composition.

5 — CARLE MARATTE. La Vierge aux anges.

6 — PULIGO. Dominique. Ecole d'André del Sarte.
La Sainte-Vierge, l'Enfant-Jésus et le petit Saint-Jean. Excellent tableau, très-fin,
bien conservé, peint sur panneaux épais.

7 — LUCAS GIORDANO. Les Quatre Saisons. Jolie
composition.

8 — PIÉTRE DE CORTONE. L'Adoration des Mages.

9 — SOLIMÈNE. Communion de saint Benoît.

10 — CERCOZZI. Deux tableaux, fruits et nature
morte.

11 — BENEDETTE DE CASTIGLIOME. Deux tableaux.
Bergers et moutons.

12 — TADDÉO GADDI. Saint-Remi.

13 — SANDRO BOTTICELLI. Tobie et l'Ange.

14 — FILIPPO LIPPI. Sainte-Vierge, l'Enfant-Jésus
et saint Jean.

15 — LE PARMESAN. La mise au tombeau.

16 — LE DOMINIQUIN. Vénus et l'Amour.

17 — SASSO FERRATO (Manière de). Une Vierge.

18 — LE CARAVAGE. Une Sainte Femme.

19 — LE GIORGION. Saint-Jean.

ÉCOLE FLAMANDE.

20 — VAN BLOEMEN. Des cavaliers faisant boire
leurs chevaux dans une fontaine qui oc-
cupe la partie gauche du tableau, de beaux
fonds et quelques fabriques terminent
l'ensemble de cette agréable composition.

21 — RUBENS (Attribué à). Job sur le fumier. Es-

quisse du grand tableau qui orne une église d'Anvers.

22 — DERESTRATEN. Composition capitale, par un effet d'hiver, ornée de fabriques, figures et autres nombreux détails.

23 — DEHEEM (David). Tableau admirable dans ce genre de peinture, offrant une réunion de fruits de diverses espèces, posés sur une table recouverte d'une draperie. On y remarque principalement des citrons, du raisin, des cerises et autres riches détails.

24 — DEHEEM (Jean). Sur une table de pierre, placée dans un intérieur, on remarque divers fruits, du poisson, du raisin et autres. Bon tableau précieux d'exécution et bien conservé.

25 — OSTADE (Isaac). Dans un intérieur tout-à-fait Rembranesque, on remarque dans la partie droite du tableau une réunion de mendiants se chauffant autour d'un feu. Œuvre distinguée de ce maître, par l'harmonie et le grand effet.

26 — CUYP (Le Vieux). Très bon paysage, avec pâtre et animaux traversant un pont.

27 — FRANK. Un calvaire. Riche composition bien conservée.

28 — BAUT ET BAUDOIN. Deux tableaux faisant pendant, paysages ornés de figures et animaux, etc., très-fins de touche et bien conservés.

29 — Van Goyen. Joli petit paysage de forme ronde, avec fabriques, pont et deux pêcheurs sur le premier plan.

30 — Van Goyen. Paysage baigné par un lac orné de fabriques; un pont sur la gauche est occupé par un groupe de figures qui conversent. Admirable tableau du premier ordre de ce maître qui ne laisse rien à désirer sous aucun rapport.

31 — Du même. Paysage orné à droite par une fabrique et traversé par une rivière.

32 — Du même. Jolie composition capitale de cet habile maître, représentant une marine, bordée à droite par un bout de paysage et quelques fabriques. Le premier plan à gauche est occupé par une barque chargée de pêcheurs.

33 — Molnaer. Effet d'hiver. Sur le premier plan du tableau l'on aperçoit nombre de patineurs occupés sur la glace; au second plan, est un monticule sur lequel on remarque quelques fabriques et figures de paysans. Bon tableau d'un aspect vif et animé.

34 — Nolkins. Vue prise en Flandre, à la sortie d'un bois. Plusieurs paysans se dirigent vers une auberge se trouvant sur la droite; sur le premier plan on remarque des paysans conduisant une charette.

35 — Molnaer. Un charmant petit paysage par un effet de soleil couchant. Il est boisé à

gauche, et baigné à droite par une rivière,
orné de figures de pêcheurs et de quelques moutons.

36 — DU MÊME. Intérieur flamand. Scène grivoise
et conversation.

37 — MONPRR. Paysage orné de fabrique. Deux figures et un chien, par David Teniers.

38 — MENS. Un précieux tableau de ce maître,
représentant un hiver. Le premier plan
offre une place chargée de patineurs, un
pont et diverses fabriques complètent
cette jolie composition.

39 — DEHONT. Choc de combattants en pleine
campagne. Bon tableau rempli d'action.

40 — DU MÊME. Paysage. Sur le premier plan un
choc de cavalerie, dans le fond un moulin, une ville incendiée.

41 — MENS. Village de Flandre, baigné par une
rivière. Barques de pêcheurs et nombre
de figures attablées. Riche de composition
et vraie de nature.

42 — DUBBELS. Jolie marine, d'un effet brillant.
Sur le premier plan, plusieurs bâtiments
voilés, chargés de nombre de figures de
passagers.

43 — HERMAN (D'Italie). Un riche et beau paysage
baigné d'un lac orné de figures et animaux.

44 — VAN HACKAERT. Paysage boisé orné de jolies figures.

45 — VANDER NEER (attribué). Deux paysages bien peints et d'un bel effet.

46 — GUILLAUME DE HENSCH. Paysage avec pont et tour, rivière et figures.

47 — VANDER KABEL. Paysage de forme ronde, marché d'animaux conduit par des pâtres.

48 — PAR LE MÊME. Paysage orné d'une bergère gardant ses chèvres et ses moutons.

49 — DAVID TÉNIERS. Intérieur rustique dans lequel on remarque un homme et une femme jouant aux cartes; à droite un fumeur et plusieurs autres au fond. Bon tableau rempli de vérité.

50 — DU MÊME. Intérieur flamand; plusieurs singes attablés boivent, mangent et fument; dans le fond d'autres sont occupés aux travaux de la cuisine; plusieurs accessoires vrais complètent cette drolatique composition. L'on sait du reste que David Téniers a répété souvent ces sujets, même en les pastichant d'après d'autres maîtres.

51 — VAN AFTEEN. Deux tableaux faisant pendant; intérieur flamand; dans l'un on dit le bénédicité et dans l'autre sont réunis trois buveurs.

52 — SENAVE. Joli intérieur; on remarque nombre de figures dont quelques-unes rangées autour d'une table.

53 — BREUGHEL, le vieux. Paysage de forme ronde; paysan gardant des oies.

54 — BREUGHEL D'ENFER. Deux tableaux. L'in-

ceulie de Sodome; dans l'un d'eux on remarque de jolies figures par Rottenhamer.

55 — FOUQUIÈRE. Un paysage avec joli fond, baigné d'une rivière orné de figures.

56 — VAN TOL. Portrait d'une dame de qualité, vue de trois quarts et à mi-corps, vêtue d'une hermine, rappelant la manière de Gérard Dow.

57 — PIÉTRI DE BLOOTRE. Intérieur, dans lequel sont réunis des joueurs de dés.

58 — SCHOWAERT. Deux paysages ornés de fabriques, figures et animaux.

59 — MICHAU. Vue de Flandre; village, port de mer, enrichis de figures et animaux.

60 — VANDER MEER. Port de mer chargé de bâtiments orné de jolies figures, costume oriental.

61 — BONAVENTURE PETERS. Marine par un temps orageux.

62 — SCORT. La faiseuse de beignets entourée d'enfants et de pratiques dont elle reçoit l'argent. Bon tableau du maître.

63 — GÉRARD DE LAIRESSE. Riche composition de bacchanale dans un paysage.

64 — BONAVENTURE PETERS. Marine par un naufrage. Tableau très fin.

65 — RUBENS (attribué). Adoration des mages. Grande composition.

66 — CUYP (Jacques Gerits). Paysage. Choc de cavalerie. Bon tableau du maître dans

lequel on remarque beaucoup de chaleur
et d'harmonie.

67 — DEWLIEGER. Marine. On remarque plusieurs
bâtiments de diverses espèces ; sur le devant un bateau de pêcheurs. OEuvre de
la belle qualité du maître et bien conservé.

68 — HORREMANS. Tableau rond. Intérieur dans
lequel sont attablés deux buveurs.

69 — OMÉGANK (Mⁿᵉ). Paysage plein de charme
et de fraîcheur ; on remarque à gauche
une masse de roche où se mêlent divers
végétaux et arbrisseaux ; le côté opposé
offre un joli fond bordé de montagnes ; le
premier plan est occupé par deux moutons
et une chèvre couchés, sur la pelouse est
une vache debout ; ces divers animaux
sont gardés par une bergère filant sa
quenouille. Tableau d'une beauté remarquable, digne des ouvrages de son père
Omégank.

70 — VANDEN VELDE. Paysage d'un effet piquant
avec clocher et figure de cavalier.

71 — SENAVE. Intérieur de famille, une mère
donnant le sein à son enfant.

72 — GREVENBROECK. Le port de Messine et la
ville pris à vol d'oiseau, orné de quan-
tité de figures sur tous les plans. Bon
tableau d'une précieuse exécution.

73 — BAUT ET BAUDOUIN. Fête villageoise. Tableau le plus capital de ces deux maîtres

réunis (rare à rencontrer aussi bien conservé), on y remarque cette gaîté, ces
mouvements bien saisis qui enchantent
l'œil du spectateur.

74 — SALOMON RUYSDAEL. Marine par un temps
calme, plusieurs barques et bâtiments.

75 — VAN BERLINBERQUE. Fête villageoise avec
auberge et paysans.

76 — VANDER HELST. Portrait d'un homme de
distinction vêtu de noir, à mi-corps et de
trois quarts.

77 — STEENWICK. Intérieur d'église, figures par
Gonzalès Coques.

78 — VAN FALENS. Joli paysage orné d'une chasse
au cerf.

79 — VAN GOYEN. Charmant paysage avec figures
(signé).

80 — BRAUWER. L'emplâtre. Bon tableau bien
conservé.

81 — GILEMANS. Roses trémières, pêches, raisins
et fruits dans une corbeille posés sur un
socle en pierre, melons à côtés et quelques plantes terminent cette jolie composition des plus terminées de ce maître.

82 — BECHET. Vénus allaitant les amours et zé-
phirs.

83 — POELEMBOURG. Nymphes sur le devant d'un
paysage, site d'Italie.

84 — TERBURG. Portrait de Réné Descartes, phi-
losophe français.

85 — DE WETTE. La reine de Saba offrant des

présents à Salomon. Bon tableau de la meilleure qualité du maître.

86 — VANDEN VELDE. Une vache, deux chèvres, cinq moutons gardés par un pâtre.

87 — THOMAS WICK. Vue d'un marché sur le bord d'une rivière. Tableau digne d'Asselin.

88 — ADRIEN VAN OSTADE. Trois buveurs dans un intérieur.

89 — EGLON VANDER NEER. Petit portrait d'un homme de distinction.

90 — VEIRROTTER. Vue d'une ville assise sur les bords d'un fleuve dont les eaux occupent toute la partie gauche.

91 — REMBRANDT. Étude d'un jeune homme.

92 — RUBENS (genre de). Martyre d'un saint.

ÉCOLE FRANÇAISE.

93 — JOUVENET. Le sacrifice d'Iphigénie. Composition bien traitée de huit figures savamment groupées; tableau bien conservé.

94 — DU MÊME. La Présentation au Temple. Tableau capital et distingué, peint d'une touche large et vigoureuse.

95 — STELLA (Jacques). Le Frappement du rocher. Grande et belle composition dans le genre du Poussin.

96 — Du même. Un précieux petit tableau ovale,
représentant l'adoration des bergers.
Composition des plus agréables.

97 — Du même. Petit paysage historique orné de
fabriques ; on remarque la fuite en
Égypte.

98 — Du même. Une précieuse copie, d'après
l'adoration des bergers du Poussin.

99 — Letellier (de Rouen). Sainte-Famille,
la sainte Vierge assise, tenant l'Enfant-
Jésus sur ses genoux auquel saint Joseph
montre à lire. Tableau rare de ce maître
peu connu, qui était le neveu et l'élève
de Nicolas Poussin.

100 — Martin. Siége d'une ville ; sur le premier
plan Louis XIV à cheval donnant ses or-
dres. Tableau remarquable de ce maître
et digne de Vander Meulen.

101 — Restout La Présentation de la Vierge au
temple. Petit tableau du grand qui orne
le musée de Rouen.

102 — Robert (Hubert). Joli paysage de cet habile
maître, orné de ruines antiques, Marc-
Aurèle et plusieurs figures.

103 — Du même. Un paysage fait au premier coup,
orné de ruines antiques et trois figures.

104 — Pater (élève de Watteau). Riche composition de ce maître ; dans un intérieur de
forêt représentant un repos ; au rendez-
vous de chasse un groupe de personnages
distingués assis sur un tertre forment

plusieurs scènes galantes, équipages, va-
lets, chiens et gibiers, complètent ce gra-
cieux tableau très bien peint et très fin.

105 — **Fragonard** (le père). Esquisse terminée de
l'un de ses plus beaux tableaux représentant le verrou.

106 — **Du même.** Joli paysage orné de figures,
pastiche de Watteau.

107 — **Lagrenée.** Nymphe surprise par un Satyre.

108 — **Valin.** Buste de jeune femme à mi-corps
la poitrine nue.

109 — **Mlle Ledoux** (élève de Greuze). Une belle
copie faite d'après son maître et retou-
chée par ce dernier, représentant une
jeune paysanne assise sur une chaise, vue
de trois quarts et à mi-corps.

110 — **Greuze** (J.-B. attribué à). Tête de jeune
garçon, d'une jolie couleur et d'un bel
empâtement.

111 — **Chardin.** Un chaudron, un pot et deux ha-
rengs ; c'est tout notre bagage pour ce
tableau, qui, sous le rapport de la vérité,
ne laisse rien à désirer.

112 — **Girodet-Trioson.** Esquisse de Héro et
Léandre au bord de la mer, par un clair
de lune. Très bonne composition de ce
grand artiste, et surtout rare à rencontrer.

113 — **Lagrenée** (jeune). Portrait d'une jeune
femme vue de profil.

114 — **Echard.** Deux paysages arrosés de rivières,

ornés de fabriques, barques chargées de
passagers. Bous tableaux d'un effet
piquant et transparent.

115 — BRUANDET. Vue prise sur le chemin de Fon-
tainebleau. Joli échantillon.

116 — DROLLING. Savant en méditation dans son
intérieur.

117 — Mlle GÉRARD. Jeune femme travaillant à
l'ombre d'une charmille.

118 — JOLIVARD. Vue prise aux environs de Paris,
très pittoresque.

119 — LANTARA. Paysage très fin et riche de
détails.

120 — BERRÉ. Animaux sur le devant d'une prai-
rie. Bon tableau d'une grande finesse
de dessin et d'exécution.

121 — JOLIVARD. Paysage : entrée d'une forêt.
Bon tableau du maître.

122 — MILET DE CAUX. Roses, tulipes, oreilles-
d'ours, et autres fleurs dans une carafe
posée sur une table en marbre.

123 — VAN SPANDONCK (ÉCOLE DE). Raisins,
pêches, poires et perdreau, nature morte.
Jolie composition bien exécutée.

124 — CASSARD. Effet de neige.

125 — BOUCHER en Italie. Vénus au bain.

126 — DU MÊME. Sujet mythologique, gravé
d'après la gouache.

127 — PHILIPPE DE CHAMPAIGNE. Jésus bénissant
les pains.

128 — DAVID. Portrait d'une dame.

129 — Mignard. Portrait de Louis XIV dans sa jeunesse.

130 — Pau de Saint-Martin. Paysage, moulin, pont et laveuses.

131 — Largillière. Portrait de Coustou, célèbre sculpteur.

132 — Nattier. Portrait d'une fille de Louis XV, entourée de guirlandes de fleurs.

133 — Rigaud. Portrait de jeune garçon.

134 — Mignard. Portrait de femme.

135 — Dubois (1814). Jeune fille en prière.

136 — Bourguignon. Choc de cavalerie. Bon tableau du maître.

137 — Garneray (M.). Marine. Temps calme représentant l'embouchure de l'Escaut, ornée de fabriques, bâtiments et figures.

138 — Bruandet (Éléazard). Paysage pittoresque, orné de jolies figures de Duval.

139 — Lantara. Paysage au soleil couchant baigné par un lac, orné de jolies figures.

140 — Demachy. Vue de Paris, prise de l'île Louviers.

141 — Du même. Tableau capital de ce maître représentant l'église Saint-Sulpice, et les environs dans lesquels on remarque les débris d'un incendie, quelques figures et chevaux sur le premier plan.

142 — Lantara. Précieux petit paysage au moment d'une tempête ; à droite une cascade, du côté opposé la mer agitée,

la foudre, des bâtiments, quelques jolies
figures et animaux, par Taunay.

143 — MICHEL. Paysage pittoresque orné de
fabriques et figures.

144 — M. CARTIER (de Saint-Germain). Un paysage
représentant un site d'Italie orné de
figures historiques.

145 — DU MÊME. Paysage. Les environs de La
Bouille.

146 — DU MÊME. Paysage historique, orné de
monuments, cascades et figures de
laveuses.

147 — BON BOULOGNE. Sujet allégorique, Minerve
et autres.

148 — M. LANGLOIS. Vue de la ville du Pont-de-
l'Arche et de ses environs.

149 — VALLAERT (élève de Vernet). Paysage marine.
On remarque quelques voiles.

150 — PILLEMENT. Paysage sur le devant duquel
un pâtre conduit un troupeau de chèvres.

151 — MANGLARD. Marine par un temps d'orage.
On remarque divers bâtiments agités.
Beau tableau de ce grand peintre de
marine, maître de Joseph Vernet. —

152 — LANGEVIN. Deux paysages avec fabriques
et figures.

153 — M. LEFÉVRE. Deux fixés. Effet d'hiver.

154 — DEMACHY. Un joli port de mer.

155 — PIERRE CASQUELLE. Vue de Paris ancien,
orné de beaucoup de figures.

156 — LAJOYE. Deux fixés, sous verre.

157 — CALLOT. La mort de la Sainte-Vierge.

158 — FRAGONARD (Honoré). Une dame s'apprê-
tant à donner une correction à deux
jeunes filles amenées par sa femme de
chambre; intérieur du tems de Louis XVI.

Tableaux divers, Miniatures, Dessins
et anciennes Gravures.

159 — CONSTANTIN NETCHER. Portrait d'un évêque,
vu de trois quarts.

160 — BREIDEL (Le Chevalier). Jolie bataille, choc
de cavalerie, d'une précieuse exécution,
et peinte sur argent.

161 — VANLOO. La Circoncision.

162 — ROTTENHAMER. Une Sainte-Vierge, les mains
jointes.

163 — ÉCOLE ITALIENNE. Sainte-Vierge peinte sur
pierre dure, cadre en ébène, garni d'argent.

164 — VERNIS DE MARTIN. Jeune garçon tenant
un nid.

165 — Une miniature représentant la naissance de
Notre-Seigneur et l'Adoration des Bergers.

166 — M. BELLANGÉ. Deux jolies aquarelles de
cet habile artiste : le Marchand de bes-
tiaux et le Goupillon.

167 — VAN BLARENBERG (attribué à). Le Bal d'en-

fants. Belle et riche composition traitée
largement, et d'un bel effet.

168 — FRAGONARD (Honoré). La Balançoire. Sujet
déjà traité différemment.

169 — Plusieurs peintures, miniatures, fixés, portraits, et autres sous ce numéro.

170 — Une trentaine de bons dessins des vieux
maîtres, tels que : Carle Maratte, Le
Cignagni, Storck, Hobbema, Cuyp, Bac-
kuisen, Berkeiden, Callot, Poussin,
Lagrenée, Fragonard, François Boucher,
Echard, Lantara, Greuze, Huet, Bruandet, Lecarpentier, et autres, seront divi-
sés sous ce numéro.

171 — Plusieurs lots de vieux portraits et d'anciennes bordures sculptées.

172 — REMBRANDT. L'Orfèvre. Belle épreuve pro-
venant du cabinet Mariette.

173 — DITO. Onze eaux-fortes diverses.

174 — 1 lot de gravures : Batailles d'Alexandre
et de Napoléon.

175 — 1 lot d'anciennes gravures, d'après les
anciens maîtres.

176 — 2 jolies bordures ovales en bois sculpté.

**Porcelaines de Vieux Sèvres, ancien Saxe,
Chine et Japon, Bustes en marbre blanc,
Glaces anciennes, Meubles bois sculpté
et bois rose.**

177 — Un magnifique service, vieux Sèvres, pâte
tendre, ancien décor, fond blanc à bou-

quet de fleurs et feuille de choux se composant de soixante assiettes, une jardinière-soupière, deux grands plats contournés, quatre dito plus petits, six sucriers, huit saladiers, cinq verrières, quatre glacières, quatre grands seaux, quatre guéridons, vingt-quatre pots à jus, quatre confituriers, six compotiers coquilles, six dito ronds, six dito ovales, six dito carrés, en tout cent cinquante pièces de belle pâte et bonne conservation.

178 — Belle soupière et son plateau, ancien et riche décor.

179 — Un pot et sa cuvette, décors à enroulements et culots.

180 — Un pot et sa cuvette, anciens décors, fond vert et dentelles or.

181 — Deux jolis vases, anciens décors, fond blanc et rose, or à dentelles ornés de guirlandes de fleurs (un vase a un coup de feu), bel article rare.

182 — Deux jardinières anciennes, gros bleu.

183 — Deux petits vases jardinière éventails, avec socles à jour, fond bleu turquoise, tiquetés d'or, cartels de fleurs.

184 — Une grande jardinière, jolis décors, cartel, marine.

185 — Deux grands vases, fond bleu turquoise et or, ornés de jolis médaillons, miniature d'après Greuze, pâte tendre, décors moderne.

186 — Une petite jardinière, jolis décors, sujet de
marine.

187 — Un pot et sa cuvette fond blanc à bouquet
de fleurs.

188 — Un pot et sa cuvette, jolis décors à enroulements et culot.

189 — Un beau vase, cartel champêtre, vaches au
pâturage.

190 — Deux jolis seaux, fond vert, sujets militaires.

191 — Un vase, ancien décors, dans sa gaîne.

192 —   Dito   dito.

193 — Un grand tableau guéridon, encadré en pâte
tendre, fond bleu turquoise. Joli médaillon, miniature, le triomphe d'Amphitrite.
Malheureusement, cette belle plaque a été
fracturée.

194 — Deux tableaux dito fond bleu turquoise,
portraits miniature de mesdames de Grignon et de Sévigné, peints par M. Legosl,
richement encadrés dans leurs bordures
de bronzes dorés.

195 — Deux tableaux, mêmes bordures. Médaillons. Sujets pastoraux, peints par le même
artiste.

196 — Un tableau, bordure noire, fond bleu au
grand feu. Sujet pastoral et champêtre.

197 — Un vase ancien, fond bleu uni au grand feu,
ancienne monture bronze doré.

198 — Neuf assiettes anciennes, fond blanc à bouquets et filet bleu.

199 — Cinq assiettes anciennes à rubans roses et
guirlandes de fleurs.
200 — Huit assiettes à œil de perdrix et fleurs.
201 — Deux figures bleu turquoise émaillées.
202 — Deux groupes   dito   émaillés.
303 — Quatre corbeilles et deux plats à jour, fond
rose.
204 — Une tasse litron, ancienne, fond blanc, ornée d'un joli médaillon d'après D. Téniers, en camaïeu bleu, avec soucoupe,
cartel de musique au fond.
205 — Une tasse fond blanc, bordure bleue, chiffre
en rose.
206 — Une tasse plus petite à paysages.
207 — Six pièces en Sèvres, un sucrier, un pot au
lait et quatre tasses forme cul de poule,
fond blanc à bouquets.
208 — Deux tasses octogones et soucoupes camaïeu
violet, une soucoupe cassée.
209 — Quatre figurines biscuit de Sèvres; la bai-
gneuse de Falconnet; marchand de raisin;
porte-fallot; et le buste de Louis XV, plus
un vase en biscuit de Sèvres.
210 — Deux pièces, une œillère et une petite corbeille gros bleu et turquoise.
211 — Une garniture de trois vases en pâte tendre,
fond jaune, forme porte tulipes, à médaillons, sujets d'après Boucher.
212 — Onze plats anciens, Tournai pâte tendre,
ancien décor, bords bleus.
213 — Deux grands et beaux vases en porcelaine

de Saxe, forme évasée, décors de fleurs
et oiseaux, sur fond blanc.

214 — Un grand vase, porcelaine d'Allemagne à
guirlandes. Jolis décors, frises d'enfant
et fleurs.

215 — Une belle soupière, porcelaine de vieux
Saxe. Jolis décors de fleurs et insectes.
ayant appartenu au prince Albert le père
et portant son chiffre.

216 — Une jolie coupe porcelaine de Saxe, blanc
et or.

217 — Une assiette ornée d'un joli bouquet en relief, blanc et or.

218 — Un vase fleurs en relief, et un chien assis,
Saxe blanc.

219 — Quatre figurines de Saxe. Musiciens et dan-
seurs.

220 — Deux forts groupes en vieux Saxe. Chevaux
retenus par des nègres, sur socles en marbre turquin et bronzes dorés. Belle qualité.

221 — Cinq petites figurines d'amours ailés, en
marbre bleu turquin et bronzes dorés,
faisant partie du carnaval de Venise.

222 — Un joli petit groupe vieux Saxe. Deux
amours sur une terrasse, avec couronne.

223 — Quatre pièces. Un écureuil, une guenon, un
flambeau et un groupe.

224 — Deux figures. Crispin et femme, avec poules.

225 — Une jolie tasse vieux Saxe, jolis décors,
fleurs et amours, dans son écrin.

226 — Groupes et figures, porcelaine d'Allemagne
et de vieux Saxe.

227 — Deux belles potiches avec couvercles (intact)
en vieux Japon, belle qualité or, bien
conservé, grand modèle.

228 — Une belle potiche, riche de couleur or, bien
conservé, grand modèle, bouton remis.

229 — Une paire de vases en vieux céladon
fleuri, ancienne monture en bronze doré.

230 — Trois pièces, montures anciennes, céladon
et craquelé.

231 — Trois vases céladon craquelé, et quatre
petits godets craquelé·

232 — Un porte-pipe en bois de fer, ses pipes et
ses accessoires, Chine.

233 — Un bol bleu de Perse, Chine.

234 — Deux grands compotiers, un sucrier, bleu
de Chine.

235 — Deux bouteilles céladon et Chine, sur socle
du pays.

236 — Deux pièces : un grand plat, un bol, bien
décorés, Japon.

237 — Dix assiettes de l'Inde, avec blason.

238 — Deux figures, porcelaine de Chine.

239 — Une petite pendule et candelabres, en
bronze doré au mât et marbre blanc,
sujets Amours et Enfants, du temps de
Louis XVI. (ancien).

240 — Une jolie pendule ancienne en bronze doré.

241 — Un beau cartel Louis XV, en bronze doré,
à rocaille et enfant bien ciselés.

242 — Un joli brûle-parfums à figures, avec deux charmants petits flambeaux, colonnes à guirlandes de lierre, du temps de Louis XVI, bronze doré au mat.

243 — Deux paires de chenets et bras Louis XV, en bronze doré et couleur.

244 — Deux flambeaux à bouquets, en porcelaine de Chine et bronze doré.

245 — Trois paires de flambeaux anciens, bronze doré, Louis XV et XVI.

246 — Un buste d'Homère en marbre blanc, sur gaîne en bois sculpté.

247 — Deux beaux bustes en marbre blanc sculpté par Coustou : Flore et Zéphyre, sur leur gaîne en marbre blanc.

248 — Deux figures de pleureuses, du xve siècle, en albâtre de Lagny.

249 — Une figure en marbre antique, du Bas-Empire.

250 — Groupes et bas-reliefs en terre cuite, de Clodion, Marin, et autres.

251 — Une grande et belle glace à cariatides et ornements du temps de Louis XIV.

252 — Une glace plus petite.

253 — Une jolie console, bois sculpté très finement, du temps de Louis XVI, avec marbre.

254 — Deux consoles et un calendrier, en bois sculpté doré, du temps de Louis XVI.

255 — Un meuble à deux corps, en chêne, richement sculpté, du xvie siècle.

256 — Un joli bureau Louis XV en bois rose, à quatre faces, richement garni de bronzes.

257 — Un cabinet Louis XIII en ébène sculpté et ivoire gravé, sur pied à panneau d'ébène.

258 — Une commode régence garnie de bronze et marbre.

259 — Un meuble dit bonheur du jour en bois rose.

260 — Une table à ouvrage garnie de bronzes, bois rose marqueté.

261 — Un régulateur de Jacob dans sa boîte d'acajou, orné sur le devant de deux thermomètres marchant une année sans être remonté.

262 — Six belles pendules de Boule en marqueterie, ornées de bronzes dorés.

263 — Une pendule cintrée, en vernis de Martin.

264 — Un bas-relief en bronze : portrait du grand Condé.

265 — Une armoire en bois rose, vitrée et garnie de bronze.

266 — Un secrétaire en bois rose, marqueterie de David.

267 — Deux commodes en bois rose, marqueterie et bronzes anciens.

268 — Deux porte-fusils, en bois de chêne.

269 — Beaucoup de petits objets de montre sous ce numéro, tels que : bronzes italiens, bas-reliefs en bois et ivoire sculptés, tabatières en cristal de roche, porcelaines de vieux Saxe, ivoire, avec miniatures, émaux, cristaux de roche, bronzes anciens et autres, etc.

Maulde et Renou, Imprimeurs de la Compagnie des Commissaires-Priseurs,
rue de Rivoli prolongée, au coin de celle de l'Arbre-Sec.

BIN TRAVELER FORM

Cut By: _Jaime   # 7_ Qty _99_ Date _8-3-24_

Scanned By: _______________ Qty_______ Date _______

Scanned Batch ID's

_______________ _______________ _______________

Notes / Exceptions

____